고맙다 365일

# 고맙다 365일

2025년 9월 22일  초판 1쇄 인쇄 발행

| | |
|---|---|
| **지은이** | 김민경 |
| **펴낸이** | 박종래 |
| **펴낸곳** | 도서출판 명성서림 |

| | |
|---|---|
| **등록번호** | 301-2014-013 |
| **주소** | 04625 서울시 중구 필동로 6 (2, 3층) |
| **대표전화** | 02)2277-2800 |
| **팩스** | 02)2277-8945 |
| **이메일** | msprint8944@naver.com |

**값** 10,000원
**ISBN** 979-11-7439-036-3

# 고맙다
# 365일

김민경 시집

명성서림

## 인사말

오늘은 시작하는 날

날마다

달마다

해마다

시험에 드는 우리

365일을

물 한잔에

기도를 했던

사람들

스스로 정진하며

나아가기를

바라봅니다.

# 차례

# 백일홍

세 번 꽃
피워
황금밭이
영글면
마음 가득
웃음 가득
온 동네도
웃음꽃
피네

# 봄꽃


쑥 캐러
쑥국.쑥버무리
정겨워
봄의 소리는
쑥쑥
자란다

# 비교

너의 그릇에
꽃물
가득 담아봐

## 산책 1


너의 동굴
어디든

그곳은
너의 아지트

## 산책 2

나이 들수록
거리 두기
즐겁다

나무도 들도
반긴다

# 어느 날


하루
계획이

친구와
이야기로

글을 읽고
메모장에

자연을
그리네

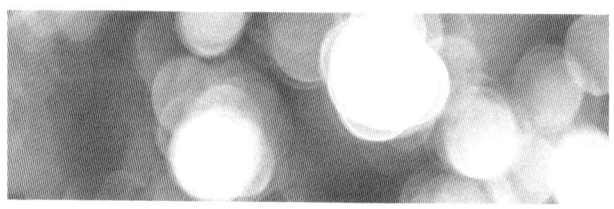

글을 읽고 메모장에
자연을 그리네

# 비상

두렵고
슬픈 이야기
코로나 19의
지구인들
좀비 놀이
한다

만보


나이
60에
만보거리
만큼
먼 거리도
한 걸음씩
걸으면
돼

# 결혼

세상에
굴하지
않게
바로
걷는 것

# 지구인

팬대믹
세상은

마음을
가다듬고

백신으로
예방해도

인간은
전쟁놀이

# YOU

그래도
다행이야
네가
있어서

# 만물생각

어머니의
보물이
한가득
하나씩
꺼내어
나누는
놀이하네

노후


인생의
정글을
나오자

# 삶

살아야 하는
이유를
알기 전에
왜
사는지를
생각해

# 이유

지구가
천조이면
난 백조

너는
만조에요

# 쉼

당신은
세상일을
잊으오
잠시나마
고단한 마음
내려놓고
누구나 삶은
녹녹지 않으니
마음을 비우소

# 휴게소


솔밭 사이로
흐르는 시간이

너에게
전해지기를

솔바람도
속삭인다

지금

지구
끝까지
변치 않는
어머니
마음

비교


너는
너고
나는
나
서로
다른
우리

# 부자

천 원 한 장
만 원 한 장을
부자는
안다

투자


많을수록
더
많을수록
고파서
풍덩
빠진다

# 희망


세상은
소통에 의해
움직인다

삶

웃을 일 없어도
웃으면
웃을 일이
생겨
웃자 웃자
하자

# 고통

응급환자
되어

생과 사에
심장이

증상을
정리하면

사는게
그래

바다

아침
숨이
나는
새들
너의
시작은
새롭다

## 다이어트


날마다
해마다
널
생각해

# 12월

보너스
고생했어
기분은 활짝
고마워

# 나이테

나이가
어리든
많든
겉과 속이
같은 나무
세상에
흔들려도
단단한
널
닮는다

# 응급

갑자기
느끼는
통증만큼
삶의
파편들
도와줘

# 하루 계획

세상 이야기
우주만큼
별빛만큼
빛나라

# 하루

밥한 알
꽃잎한장
동전한잎
아침 이슬은
길을 걷는다

# 시

일상의
걷는 만큼
생각한다

# 지구인

인생을 콕 짜봐
웃음이 나오나

세상을 콕 짜봐
눈물이 나오나

# 새벽시장

저 멀리
빨간 불빛이
옹알거리고
마음은 시려와
일찍 사는
사람들이
황금 같다

# 명상

시간을 지배하고
변하는 것은
자신이다

# 대화 1


세찬
빗줄기가
내리고
햇살이
반짝여
다행이다

# 대화 2

우리가
말로 한
마음의
이야기
그래
다행이다

연민


세상의
낯가림을

부끄러워
해도

마음은
푸르다

# 우정

문지도
않는 말을
하는 것
널 위해

# 갱년기

마음은
쿨럭거리고
감기처럼
시름시름한데
고뇌의
여정에
약한알을
줍는다

# 제주여행

푸른 물이
넘실거리는
성산 일출봉에
조랑말은 사라지고
찰랑이는 파도에
적시는 마음
발걸음이 돌아선다

# 정화수

신이여
오늘도
가득
하소서

# 진주


모래알
같은
마음을
쌓아
올린
사랑

운명

살면서
앞으로
나아가는
길이다

# 응급실

어디선가
낯선 소리
으으으
오열인지
발걸음은
어느새
파란
중년의 여자
남편이구나
멈춘 시간은
마음을
흔든다

# 태도

햇살 한 줌으로
열매 맺도록
이제
시작이다

# 화

화나기 전에
대화하자

# 가훈

기도로 짓고
세상으로
쓰자

# 달사랑

겨울 하늘에
반달은
나의
기도와
토끼이야기
금빛처럼
밤하늘에
차오른다

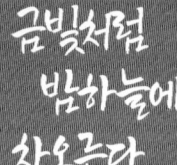

금빛처럼
밤하늘에
차오른다

클래식


라라라
잔잔한 호수에
퍼지는
세상 이야기를
듣네

지구야


공굴리듯
동글동글
하나 되자

오늘


겨울날에
케이크를

아침은
맑고

점심은 비가
저녁은 눈보라로

딸기,핑크향이
포근하다

# 초심

처음 마음
그대로
시작하자

# 겨울 잼


한 겨울에
눈은 나리고
딸기사다
으깨어
설탕,레몬으로
꿀맛
되네

# 인생 퍼즐

작은 틈으로
채워가는
너와 나의
놀이

# 김장

어머니를
도와
김장하는 날

추운 날씨에
며칠을
다듬어

두어 시간
버무리면

한 해가
따뜻하다

오늘


가벼울수록
좋아서

하늘 구름 아래
걷는 발자국

길을 따라
간다

하늘 구름 아래
걷는 발자국

기도


오로지
하늘은
오늘을
산다

# 파란 길

하늘빛
파란 길이

반짝반짝
내리면

하루가
별빛 같아

마음도
반짝인다

그대


지구 귀퉁이
외진 곳에
피어난 작은 꽃

# 희망

바다는 태어나
날마다

호흡을 하고
쏴아 쏴아

태고적부터
바다는

항상
그 자리에

마음도
호흡한다

# 2월

겨울 바람이
휘휘

산, 들, 바다에
불면

마음의 결석들
잘게 부수어

봄맞이
가자